Relation

DE

LA CÉRÉMONIE

Qui a eu lieu à Bourges,

LE 17 OCTOBRE 1830,

A l'occasion de la remise du Drapeau

Donné par Sa Majesté

A LA GARDE NATIONALE DE BOURGES.

OCTOBRE 1830.

REMISE

DU DRAPEAU

Donné par Sa Majesté

À LA

GARDE NATIONALE DE BOURGES.

BOURGES, IMP. DE V°. SOUCHOIS ET C°.

RELATION

DE

LA CÉRÉMONIE

QUI A EU LIEU

A BOURGES,

LE 17 OCTOBRE 1830,

A L'OCCASION DE LA REMISE DU DRAPEAU DONNÉ PAR S. M. A LA GARDE NATIONALE DE BOURGES.

LE 17 octobre, à deux heures après midi, le bruit répandu que le drapeau donné par le Roi à la garde nationale lui serait remis sur la place Séraucourt, avait attiré sur cette place une grande partie de la population de la ville.

La garde nationale à pied, la compagnie de canoniers de la même garde, la garde à cheval, la compagnie de sapeurs-pompiers et la gendarmerie, étaient rangées en bataille.

M. le Lieutenant-Général commandant la 15e. division et son état-major, le Préfet, le Secrétaire-Général et les Conseillers de la préfecture, le Maire et ses Adjoints, se sont placés en avant et au centre du front de bataille.

Un détachement de la garde nationale avait été chercher le drapeau chez M. Léon Devaux, fils de l'un de nos honorables députés et commissaire nommé par le Roi pour la remise de ce drapeau.

A l'arrivée de ce détachement, les deux plus anciens capitaines de la garde nationale ont placé le drapeau entre les mains de M. Léon Devaux, et ils ont remis la cravate à Madame Mayet-Génetry, épouse de M. le Maire de la ville, qui assistait à la cérémonie avec Mesdames Paul Séguin et Boucheron, épouses de MM. les adjoints.

Le drapeau incliné, Madame Mayet-Génetry a attaché elle-même la cravate (1), et le drapeau

---

(1) Cette cravate n'est pas celle qui doit rester au drapeau. Elle sera remplacée par une autre qui sera brodée par Madame Mayet-Génetry. Le temps lui a manqué pour terminer ce travail.

s'est déployé à tous les regards, éclairé par le plus beau soleil d'automne. D'un côté on lisait, inscrit en lettres d'or : *Liberté, ordre public ;* de l'autre était écrit : *Donné par le Roi à la garde nationale de Bourges.*

M. Léon Devaux, en uniforme de garde national à cheval, tenant le drapeau à la main, a prononcé le discours suivant :

« Mes camarades,

» Après les orages de la contre-révolution., le soleil de la liberté se lève pur, qu'il éclaire nos actions toujours sans tache.

» Désormais, quand le mérite, le courage et la vertu se feront entendre en France, une voix royale, l'écho fidèle de l'honneur et de la patrie, saura leur répondre.

» La noble conduite que vous avez tenue, dans les journées des 16 et 17 septembre 1830, a reçu la plus belle récompense dans l'approbation du roi des Français, et il vous en accorde aujourd'hui le témoignage le plus éclatant. Il vous confie l'étendard aux glorieux souvenirs sous lequel le grand soldat de Jemmapes combattit et pour la patrie et pour la liberté, sous lequel la France vient de reconquérir son titre de Première Nation du monde, et sous lequel les rois vous contemplent et les peuples vous admirent.

» Recevez donc, au nom du Roi, ce drapeau d'honneur; que votre reconnaissance enchaîne à jamais votre fidélité, et que votre dévouement soit durable comme cette auguste et patriotique famille qui, riche de vertus et d'avenir, entreprend de seconder la régénération de la France.

» Que ce noble étendard atteste que vous avez dignement accompli des devoirs difficiles, et qu'il soit toujours, parmi nous, le signe honorable de la liberté et de l'ordre public.

» Dépositaires de cette bannière, dont les couleurs nationales ont brillé dans l'univers d'un éclat immortel, transmettez-la, dans toute sa pureté, à vos enfans, et que ceux-ci la conservent comme une glorieuse récompense décernée à leurs pères. Gloire aux citoyens soldats qui ont fait triompher l'ordre public! Gloire au Roi citoyen qui vient de fonder la liberté. »

VIVE LE ROI !

En terminant ce discours, M. Léon Devaux a déposé le drapeau entre les mains de M. le Maire, qui a pris à son tour la parole, et s'est exprimé en ces termes :

« Monsieur ,

» Nous recevons avec autant de satisfaction que de reconnaissance ce drapeau que vous avez obtenu de la bonté du Roi. Je vous remercie au nom de toute la garde nationale , de l'heureuse idée que vous avez eue de vous adresser au Roi lui-même , et du succès dont votre démarche a été couronnée.

» Nous ne doutons pas de la sincérité des sentimens patriotiques que vous venez de nous exprimer. Ils ne pouvaient manquer de faire battre le cœur d'un jeune citoyen élevé par un père qui fait l'honneur et l'orgueil de notre département , et qui dans tous les temps donna des preuves si nombreuses de dévouement à son pays et à nos libertés. »

S'adressant ensuite à la garde nationale , M. le Maire a dit :

« Mes chers camarades ,

» Il est au milieu de vous ce drapeau que vous devez à la munificence royale. Je le confie à votre patriotisme. Il fait briller à vos yeux ces couleurs qui ont paré l'aurore de notre glorieuse révolution et qui guidèrent avec rapidité nos phalanges guerrières de victoire en victoire. Ces nobles couleurs ne furent proscrites par un pouvoir ombrageux et despotique que dans l'absurde pensée de faire oublier avec elles la gloire française qui lui était importune. Vain espoir ! Le souvenir de tant d'actions prodigieuses était impérissable. Le despotisme a succombé. La liberté renaît pure comme aux premiers beaux jours de notre glorieuse révolution, et à côté d'elle devaient reparaître ses lignes illustrées et chéries.

» Camarades, c'est votre belle conduite, ce sont vos heureux efforts pour le maintien de l'ordre et du droit, dans un jour d'égarement de quelques-uns de vos concitoyens, que le Roi a voulu récompenser. Rendez-vous de plus en plus dignes de cette honorable distinction. Ralliez-vous avec empressement autour de ce drapeau; qu'il vous trouve toujours prêts à le suivre, quand il s'agira de soutenir l'autorité du Roi citoyen que nous avons élevé sur le pavois, de maintenir l'union, la paix et la tranquillité publique, et de défendre nos foyers si l'étranger ose encore souiller de sa présence le sol de notre patrie. Ayez toujours dans la mémoire cette belle devise adoptée par toutes les gardes nationales de France et inscrite sur leurs étendards : *Liberté, Ordre public.* Ces mots contiennent tout à la fois l'explication du but de votre utile institution, l'étendue et les limites de vos devoirs. L'ordre public consiste dans la stricte exécution des lois, dans le respect pour les personnes et pour les propriétés. Sans lui il n'est pas, il ne peut exister de véritable liberté. Vous n'auriez que l'anarchie et les excès qui firent calomnier la révolution française. Je suis heureux de pouvoir reconnaître que jusqu'à présent vous avez senti ces vérités, et je dois vous rendre ce témoignage public et sincère que vous avez mis votre devise en action. Je suis persuadé qu'il en sera de même pour l'avenir et je vous en remercie d'avance au nom du prince et de la patrie.»

VIVE LE ROI !

En prononçant les derniers mots de ce discours, M. le Maire a remis le drapeau entre les mains de M. Grassoreille, commandant de la garde nationale, qui a dit :

« Citoyens qui composez la garde nationale de Bourges, je n'ai jamais éprouvé d'émotion plus douce qu'en vous présentant en ce moment le drapeau d'honneur. C'est à titre de récompense que le roi a daigné vous l'accorder, pour la conduite pleine de zèle et de courage que vous avez tenue, et pour les moyens de persuasion que vous avez employés à l'occasion des troubles qui ont eu lieu dans notre cité. Sa Majesté, par cette faveur, a manifesté de la manière la plus signalée la confiance que nous lui inspirons. Jurons-lui une fidélité à toute épreuve, défendons la Charte constitutionnelle, obéissons ponctuellement aux lois du royaume; c'est ainsi que nous répondrons de la manière la plus digne à cet acte de confiance. Redoublons donc de zèle et d'activité dans le service et pour le maintien de l'ordre et la sécurité des citoyens.

» Vous la voyez cette bannière tricolore, palladium des Français; la France en a été privée pendant 15 années, et pendant 15 années nous avons été en butte à tout ce que la société peut présenter de plus affligeant; que ces couleurs ne cessent jamais d'être notre ralliement dans les temps de danger comme dans ceux de prospérité, et jurons malheur aux ennemis, n'importe où ils se trouvent, qui seraient assez insensés pour oser concevoir l'idée de nous en séparer.

» Honneur et reconnaissance aux héros des 27, 28 et 29 juillet!.... Vive le Roi des Français! Vive Philippe! Vive la liberté!. ..

» Nous devons aussi rendre un juste tribut de reconnaissance à notre jeune compatriote, M. Léon Devaux, fils de notre honorable et cher député qui, après avoir, dans nos rangs, rempli sa tâche dans la nuit du 16 au 17 septembre, a contribué à nous faire obtenir, de Sa Majesté, ce drapeau qui fait l'objet des transports de joie auxquels nous nous livrons en ce jour solennel.

» Et pour que rien ne manque à l'expression de notre allégresse, cette solennité est encore embellie par la présence et le concours du beau sexe. Vous venez de voir l'une de nos dames, attachant à notre drapeau, avec la grâce qui la distingue, la cravate que nous devons à l'œuvre de ses mains. Qu'elle veuille bien, ainsi que ses compagnes, recevoir nos hommages!.... »

Après ces discours, qui ont été accueillis aux cris mille fois répétés de *vive le Roi !* le drapeau a été confié à M. Turquet (Louis), officier porte-drapeau, et il a été salué par 21 coups de canon.

Ensuite, toute la garde a défilé devant le drapeau, et l'officier qui le portait s'étant placé au centre de la troupe, elle a passé une seconde fois devant les autorités, qui avaient présidé à cette brillante cérémonie.

Erratum. pag. 8, ligne 10, au lieu de : *ses lignes illustrées et chéries ;* lisez : *ses signes illustrés et chéris.*

BOURGES, IMPRIMERIE DE Ve SOUCHOIS ET Ce.